Julens salmer og sanger

En antologi samlet av Britt Hagesæter

ISBN 978-82-691074-3-2

I dag blir dessverre julens sanger sunget alt for sjelden.

I dette heftet har jeg samlet noen av de tekstene som har blitt sunget i generasjoner.

Syng i vei, og lær dem til andre, særlig yngre generasjoner!

Noen av tekstene er på bokmål, noen på nynorsk. En er på svensk..

Språket er konservativt, nær opp til originalene.

« Det lyser i stille grender» av Jakob Sande er gjengitt med tillatelse.

Innhold

Mange julesanger har sin egen historie, hvordan de ble til, og seinere brukt.

For dem som vil vite mer om sangene, henviser jeg til leksikon og Wikipedia.

«Det lyser i stille grender, historien om hvordan våre kjente og kjære julesanger ble til»

av Oddgeir Bruaset, utgitt i 2009 er dessverre bare å låne på biblioteket.

Mitt hjerte alltid vanker

Mitt hjerte alltid vanker,
i Jesu føderum,
der samles mine tanker
som i sin hovedsum.
Det er min lengsel hjemme,
der har min tro sin skatt,
jeg kan deg aldri glemme,
velsignet julenatt!

En spurv har dog sitt rede
og sikre hvilebo,
en svale må ei bede
om nattely og ro;
En løve vet sin hule
hvor den kan hvile få
- skal da min Gud seg skjule
i andres stall og strå?

Å, kom, jeg opp vil lukke
mitt hjerte og mitt sinn
og full av lengsel sukke:

Kom, Jesus, dog herinn!

Det er ei fremmed bolig,

Du har den selv jo kjøpt,

så skal du blive trolig

her i mitt hjerte svøpt.

Tekst av *Hans Adolph Brorson* 1732

Jeg synger julekvad

Jeg synger julekvad

jeg er så glad, så glad!

Min hjertens Jesus hviler

i stall og krybbe trang,

som solen klare smiler

han på sin moders fang.

:/: Han er Frelser min! :/:

Å Jesus, du barnlill,

deg lenges jeg så til!

Kom, trøst meg allesinne,

tred inn om her er smått,

la meg deg se og finne,

å, da har jeg det godt!

:/: Drag meg etter deg! :/:

Hvor er Gud Fader
slik som høyt i himmelrik
hvor alle engler kveder
en ny og liftlig sang
og frem for tronen treder
til Guds basuners klang!
:/: Eia, var vi der! :/:

Hvor er vel glede slik
som opp i himmerik,
hvor alle engler kveder
en ny og liflig sang
og frem for tronen treder
til Guds basuners klang!
://: Eia, var vi der!://:
Tekst: *Magnus.B. Landstad* (oversatt fra latin)

Eg synger julekvad

Eg synger julekvad,
eg er så glad, så glad!
Eg ser min Jesus kvila
som barn i ringe kår,
på moderfanget smila
som soli varm og klår.
://: Han er Frelsar min://:

Kom, vesle barn, til meg,
eg lengtar etter deg!
Kom, du som sorg kan linna,
stig inn om her er smått,
lat meg deg sjå og finna,
då får eg det så godt!
://: Drag meg etter de

Kor er Guds kjærleik stor,
Guds Son er no vår bror!
For me i synd var selde
og låg i trælestand,
han knuste dødens velde
og opna livsens land.

://: Eia, var me der://:

Kvar er vel gleda slik

som høgt i himmerik,

der englesongen tonar

til harper utan tal

frå alle millionar

i himlens kongesal!

://:Eia, var me der://:

Omsett av Bernt Støylen 1905

Jeg er så glad hver julekveld

Jeg er så glad hver julekveld,

for da ble Jesus født;

da lyste stjernen som en sol,

og engler sang så søtt.

Det lille barn i Betlehem,

han var en konge stor

som kom fra himlens høye slott

ned til vår arme jord.

Nå bor han høyt i himmelrik,
han er Guds egen sønn,
men husker alltid på de små
og hører deres bønn.

Jeg er så glad hver julekveld,
da synger vi hans pris;
da åpner han for alle små
sitt søte paradis.

Da tenner moder alle lys,
så ingen krok er mørk.
Hun sier stjernen lyste så
i hele verdens ørk.

Hun sier at den lyser enn
og slokner aldri ut,
og hvis den skinner på min vei,
da kommer jeg til Gud.

Hun sier at de engler små,
de synger og i dag
om fred og fryd på jorderik

og om Guds velbehag.

Å gid jeg kunne synge så,
da ble visst Jesus glad;
ti jeg jo også ble Guds barn
engang i dåpens bad.

Jeg holder av vår julekveld
og av den Herre Krist,
og at han elsker meg igjen,
det vet jeg ganske visst.
Tekst: *Marie Wexelsen 1859*

Eg er så glad kvar julekveld

Eg er så glad kvar julekveld,
for då vart Jesus fødd.
Då lyste stjerna som ei sol,
og englar song så søtt.

Det vesle barn i Betlehem,
han var ein konge stor,
som kom frå høge himmelborg
ned til vår arme jord.

No bur han i sin himmelheim,
han er Guds eigen Son.
Men alltid minnest han dei små
som bed med tru og von.

Eg er så glad kvar julekveld,
då syng me Jesu pris,
då lèt han opp for alle små
sitt vene paradis.

Ho mor ho kveikjer alle ljos,
dei skin i kvar ei krå,
for heile verda, seier ho,
skal julestjerna sjå.

Ho seier stjerna skin enno
og aldri slokna kan,
og får ho skina på min veg,
då finn eg himlens land.

Ho seier alle englar syng
enno om fred på jord,

at himlen like open er

Guds kjærleik like stor.

Å, gjev eg kunne syngja så,

då vart visst Jesus glad,

for eg vart òg Guds kjære barn

ein gong i dåpens bad.

Eg er så glad kvar julekveld,

så glad i Jesus Krist,

og at han også elskar meg,

det veit eg sant og viss

Omsett av *Bernt Th. Anker 1906*

Glade jul, hellige jul!

Glade jul, hellige jul!

Engler daler ned i skjul.

Hit de flyver med paradis grønt,

hvor de ser hva for Gud er skjønt.

://: Lønnlig i blant oss de går ://:

Julefryd, evig fryd,

hellig sang med himmelsk lyd!

Det er engler som hyrdene så,

dengang Herren i krybben lå.

://: Evig er englenes sang. ://:

Fred på jord, fryd på jord,

Jesusbarnet i blant oss bor.

Engler synger om barnet så smukt,

han har himmeriks dør opplukt.

://: Salig er englenes sang. ://:

Hellig fred, himmelsk fred,

toner julenatt herned.

Engler bringer til store og små

bud om ham som i krybben lå.

://: Fryd deg hver sjel han har frelst! ://:

Tekst av *B. S. Ingemann (1850)*

Glade jul, heilage jul

Glade jul, heilage jul!

Englar kjem frå Guds kongestol,

blomar ber dei frå paradis,

fint og fagert dei syng Guds pris.

://: Løynleg ikring oss dei går. ://:

Julebod, gledeleg bod

tonar til oss med himmelljod,

song av englar som hyrdingar såg

den gong Jesus i krubba låg.

://:Songen av englar er sæl. ://:

Fred på jord, fryd på jord!

Jesusbarnet det er vår bror,

englar syng om hans herlegdom,

han har reidd oss i himmelen rom.

://: Songen av englar er sæl.://:

Sæle fred, himmelsk fred

julekvelden til jord kom ned.

Englar syng om den fred dei såg,

syng om han som i krubba låg.

://: Gled deg, kvar sjel han har frelst! ://:

Omsett av *Bernt Støylen 1905*

Det hev ei rose sprunge

Det hev ei rose sprunge
ut av ei rot so grann,
som fedrene hev sunge
av Jesse rot ho rann.
Og var ein blome blid
midt i den kalde vinter
ved myrke midnatts tid.

Um denne rosa eine er
sagt Jesajas ord,
Maria møy den reine
bar rosa til vår jord.
Og Herrens miskunns makt
det store under gjorde
som var i spådom sagt.

Guds rose ljuvleg angar
og skin i jordlivsnatt.

Når hennar ljos oss fangar,

ho vert vår beste skatt.

Me syng i englelag:

No er det fødd ein frelsar,

og natti vart til dag.

Tekst av *Peter Hognestad 1927*

Nå tennes tusen julelys

Nå tennes tusen julelys

Det stråler rundt vår jord,

Og himlens stjerner blinker ned

Til liten og til stor.

Og over land og by i kveld

Går julens glade bud

Om han som fødtes i en stall,

Vår Frelser og vår Gud.

Du stjerne over Betlehem,

Send dine stråler ned,

Og minn oss om at julens bud

Er kjærlighet og fred.

Til hver et fattig hjerte send

Et lystreif ifra sky,

Så finner det den rette vei,

Og det blir jul på ny.

Tekst av *Emmy Köhler 1899*

Deilig er den himmel blå

Deilig er den himmel blå,

lyst det er å se derpå,

hvor de gyldne stjerner blinker

hvor de smiler, hvor de vinker

:/: oss fra jorden opp til seg :/:

Det var midt i julenatt,

hver en stjerne glimtet matt

da med ett der ble å skue

en så klar på himlens bue

:/: som en liten stjernesol :/:

Når den stjerne lys og blid
lot seg se ved midnatts tid
var det varslet i Guds rike
at en konge uten like
:/: skulle fødes på vår jord :/:

Vise menn fra Østerland
dro i verden ut på stand
for den konge å opplete,
for den konge å tilbede
: /:som var født i samme stund :/:

De ham fant i Davids hjem,
de ham fant i Betlehem
uten spir og kongekrone,
der kun satt en fattig kone
:/: vugget barnet i sin skjød :/:

Stjernen ledet vise menn
til den Herre Kristus hen;
vi har og en ledestjerne,
og når vi den følger gjerne
:/: kommer vi til Jesu Krist :/:

Denne stjerne lys og mild
som kan aldri lede vill,
er hans guddoms ord det klare,
som han lot oss åpenbare
:/: for å lyse for vår fot :/:

Tekst av *Nikolai Fredrik Severin Grundtvig 1810*

Fager er den himmel blå

Fager er den himmel blå,
sælt det er å skoda på
kor dei gylne stjerner blinkar,
kor dei smiler, kor dei vinkar
:/: oss frå jorda opp til seg. :/:

Det var midt i julenatt
kvar ei stjerna blinka radt,
men med eitt på himmelboge
stråla det so bjart ein loge
:/: som ei lita stjernesol. :/:

Når den stjerne lys og blid
synte seg ved midnattstid,
gjekk frå gamalt orda slike,
at ein konge utan like
:/: skulle fødast på vår jord. :/:

Vise menn frå Austerland,
ferdastaven tek i hand;
denne kongen vil dei finna,
denne kongen vil dei vinna
:/: og for honom bøygja kne :/:

Og til Davids by dei kjem,
finn han der i Betlehem,
utan kongestav og krona,
der det sit ei fattig kona,
:/: voggar barnet på sitt fang. :/:

Stjerna leidde sant og visst
vise menn til Jesus Krist.
Me har og den same stjerna
vil me berre fylgja gjerne,
:/: finn me til vår Frelsar fram. :/:

Denne stjerna bjart og mild,

som kan aldri leida vill,

er det glade og det store

fagnadbod i bibelordet

:/: til å lysa for vår fot. :/:

Omsett av *Anders Hovden 1900*

Deilig er jorden

Deilig er jorden,

prektig er Guds himmel,

skjønn er sjelenes pilgrimsgang.

Gjennom de fagre

riker på jorden

går vi til paradis med sang.

Tider skal komme,

tider skal henrulle,

slekt skal følge slekters gang.

Aldri forstummer

tonen fra himlen

i sjelens glade pilgrimssang.

Englene sang den,

Først for markens hyrder;

skjønt fra sjel til sjel det lød.

Fred over jorden,

menneske fryd deg.

Oss er en evig Frelser født

Tekst: *BS Ingemann 1850*

Fager er jorda

Fager er jorda, herleg er Guds himmel,

Glade gjeng sjelene pilgrimsgang.

Gjennom dei fagre rike på jorda

Gjeng me til paradis med song.

Tider skal koma, tider bort skal kverva,

Ætt skal fylgja ættarrad.

Aldri skal tagna tonen frå himlen,

Sjela sitt glade pilgrimskvad.

Englane song det fyrst for hyrdingflokken,

Vent det tona for sjela mødd:

Fred yver jorda, menneske, gled deg,

Oss er ein evig Frelsar fødd!

Omsett av *Gunnar Torgeirsson Rysstad 1927*

No koma Guds englar

No koma Guds englar med helsing i sky,

Guds fred og velsigning dei bjoda.

No stig i frå jorda ein helgasong ny

som skal gjennom himmelen ljoda.

Guds fred og vel møtt,

du barn som er født.

Vår fredsfyrste høgt vere lova!

I djupaste myrker vart himmelen klår

då stjerna av Jakob seg viste.

I hardaste vetter det grønkar som vår,

og fagraste knupp spring av kviste.

Guds fred og god jol / med sumar og sol!

Vår fredsfyrste høgt vere lova!

Der ute er jorda so isende kald,

og trei står svarte i skogen.

Men Isai stuv * som til frelsa er vald,
skyt livskvisten fager og mogen.
Guds fred med den tein
av grønkande grein!
Vår fredsfyrste høgt vere lova!
No stjerna frå Betlehem lyser om land
frå høgsal til armaste hytta.
Det ljosnar so vent yver dalar og strand
der inn hennar strålar få glytta.
Guds fred yver mold!
Vår sol og vårt skjold,
vår fredsfyrste høgt vere lova!

No ljodar ein lovsong frå alle Guds born,
på alle folks tunger dei kveda.
So vida som klokkene kima frå tårn,
stig tonar av hugnad og gleda.
Alt kling som i kor:
Guds fred yver jord!
Vår fredsfyrste høgt vere lova!

Lat gjetordet ganga frå grend og til grend,
so vida som tunga kan mæla,

om Sonen som er oss frå himmelen send

all verdi til siger og sæla!

Syng ut i kvar bygd:

Guds fred ifrå høgd!

Vår fredsfyrste høgt vere lova

Tekst: *Elias Blix 1875*

Her kommer dine arme små

Her kommer dine arme små,

o Jesus, i din stall å gå.

Opplys enhver i sjel og sinn

å finne veien til deg inn.

Vi løper deg med sang imot

og kysser støvet for din for,

å salig stund, å søte natt

da du ble født, vår sjeleskatt!

Velkommen fra din himmelsal

til denne verdens tåredal,

hvor man deg intet annet bød

en stall og krybbe, kors og død!

Men, Jesus, hvordan går det til
at dog så få betenke vil
den store, store kjærlighet
som drog deg til vår jammer ned.

Å, drag oss ganske til deg hen,
du store, milde sjelevenn,
så vi i troen favner deg
og følger på din himmelvei!

La verden ei med all sin makt
oss vende bort fra dåpens pakt,
men gi at all vår lengsel må
til deg, til deg alene stå!

Så skal det skje at vi engang
blant alle helgners frydesang
I himlens glade paradis
skal prise deg på englevis.

Her står vi nå i flokk og rad
om deg, vårt skjønne hjerteblad.

Å hjelp, at vi og alle må

I himmelen for din trone stå!

Tekst: *H.A. Brorson 1732*

Kling no, klokka

Kling no, klokka! Ring og lokka,

ring og lokka frå tusen tårn!

Tona om frelsa! Kalla og helsa,

kalla og helsa med fred Guds born!

Kling no, klokka! Ring og lokka,

ring og lokka frå tusen tårn!

Songar sæle, englemæle,

englemæle med livsæl ljod!

Far gjennom grender, strøym over strender,

strøym over strender som toneflod!

Songar sæle, englemæle,

englemæle med livsæl ljod!

Englar kveda: Høyr den gleda,

høyr den gleda som her er hend!

Ljoset er runne, livet er vunne,

livet er vunne: ein Frelsar send.

Englar kveda: Høyr den gleda,

høyr den gleda som her er hend!

Sæle stunder, store under,

store under og løyndoms skatt!

Møyi vart moder, Gud vart vår broder,

Gud vart vår broder i julenatt.

Sæle stunder, store under,

store under og løyndoms skatt!

Barn er bore. Barnekåret,

barnekåret ved det me vann.

Anden no føder oss til hans brøder,

oss til hans brøder, Guds barn som han.

Barn er bore. Barnekåret,

barnekåret ved det me vann.

Sjå, det dagast, snart det lagast,

snart det lagast til høgtid ny!

Då skal oss klokka leikande lokka,

leikande lokka til helg i sky.

Sjå, det dagast, snart det lagast,

snart det lagast til høgtid ny!

Tekst av *Elias Blix 1891*

Himlens fugler

Himlens fugler har vel sine reder

Revene i skogen sine bo

Verdens frelser hadde ingen steder

Som han kalte for sitt hjem på jord

(Refrenget synges først):

Halm og høy, det var hans krybbeleie

Ødemarken var hans hvilested

Han som jord og himmel har i eie

Vandret hjemløs hen ved Jordans bredd

Når i bønn han talte til sin Fader

Steg han opp på bergets høye topp

Han som skapte stjerners myriader

Reiste ei seg selv en bolig opp

Ref:

Og nå folket tett omkring ham trengte

Alltid kjærlig han tilstede var

Ingen fattig sjel han utestengte

Barnene han selv på armen bar

Ref

Hvilken skam at vi så ofte klager

Synes allting er så trangt og smått.

Gud var Fader vil seg til oss drage.

Han gjør allting både vist og godt.

Ref:

Lina Sandel (Ukjent årstall)

Det lyser i stille grender

Det lyser i stille grender
av tindrande ljos ikveld,
og tusende barnehender
mot himmelen ljosa held.

Og glade med song dei helsar
sin broder i himmelhall,
som kom og vart heimsens frelsar
som barn i ein vesal stall.

Han låg der med høy til pute,
og gret på si ringe seng,
men englane song der ute
på Betlehems aude eng.

Der song dei for fyrste gongen
ved natt over Davids by,
den evige himmelsongen
som alltid er ung og ny.

Songen som atter tonar

med jubel kvar julenatt.

om barnet, Guds son og sonar

som myrkret for evigt batt.

Tekst: *Jakob Sande 1931*

Det kimer nå til julefest

Det kimer nå til julefest,

Det kimer for den høye gjest,

Som steg til lave hytter ned

Med nyttårsgaver: Fryd og fred.

Å, kom vær med til Davids by

Hvor engler synger under sky!

Å, la oss gå på marken ut

Hvor hyrder hører nytt fra Gud

Hvor David gikk og voktet får

Som salvet drott i unge år,

Der åpenbarer Herren nå

Hva David kun i ånden så.

Hva dunkelt fra hans harpe klang,
Forklare nå i englesang.
Ved nattetid, i hyrdelag,
Forkynner engler Herrens dag.

I Betlehem er Kristus født,
Som frelser oss fra synd og død.
Nå kom den store løvsals-fest!
Nå ble vår Herre hyttens gjest.

Så la oss gå med stille sinn
Som hyrdene til barnet inn,
Med gledestårer takke Gud
For miskunnhet og nådebud.

Kom Jesus! vær vår hyttes gjest!
Hold selv i oss din julefest!
Da skal med Davidsharpens klang
Deg takke høyt vår nyårs-sang

Tekst av *Nikolai Fredrik Severin Grundtvig 1817*

Å, kom nå med lovsang

Å, kom nå med lovsang, jordens kristenskare!

Å, kom nå med lovsang til Betlehem!

Kom for å se ham, kongen i en krybbe!

Kom, tilbe ham, Guds under! Kom, tilbe ham, Guds under!

Kom tilbe ham, Guds under, vår Herre Krist!

Ja, Gud evig Gud, og lys av lys det er han.

Til oss er han kommet som bror i dag.

Sann Gud av opphav, født før alle tider.

Kom, tilbe ham, Guds under!

Kom, tilbe ham, Guds under!

Kom tilbe ham, Guds under: vår Herre Krist!

Så syng, englehærer, syng med salig jubel!

Å syng myriader, i himlens slott.

Ære til Gud og fred blant oss på jorden!

Kom, tilbe ham, Guds under! Kom, tilbe ham, Guds under!

Kom tilbe ham, Guds under, vår Herre Krist!

Ja, Herre, vi hyller deg som kom til jorden.

Barn Jesus, deg hører velsignelsen til.

Ordet ble kjød og bor i dag iblant oss.

Kom tilbe ham, Guds under!

Kom, tilbe ham, Guds under!

Kom tilbe ham, Guds under, vår Herre Krist!

Omsett av *Per Lønning*

Du grønne glitrende tre

Du grønne glitrende tre, god dag!

Velkommen, du som vi ser så gjerne,

med julelys og med norske flagg

og høyt i toppen den blanke stjerne!

Ja den må skinne

for den skal minne

oss om vår Gud.

Den første jul i et fremmed land

sin store stjerne vår Herre tente;

den skulle vise vår jord at han

den lille Jesus til verden sendte.

I stjerneglansen

gikk engledansen

om Betlehem.

Om Jesubarnet fortalte mor

så mang en aften vi satt der hjemme;

vi kan hans bud og hans milde ord,

vi vet at aldri vi dem må glemme.

Når stjernen skinner

om han oss minner

vårt juletre

Tekst av *Christopher Weyse 1866*

O jul med din glede

O jul med din glede og barnlige lyst

vi ønsker deg alle velkommen;

vi hilser deg alle med jublende røst

titusinde gange velkommen!

Refreng:

Vi klapper i hendene,
vi synger og vi ler,
så gladerlig, så gladerlig.
Vi svinger oss i kretsen og neier,
og bukker.

I Østerlands vise, I tre vise menn,
vi vide hvorhen I vil drage;
thi vi ville også så gjerne derhen
og eder på reisen ledsage.

Refreng:

Så rekker jeg deg nå med glede min hånd,
kom skynd deg og gi meg den annen,
så knytter vi kjærlighets hellige bånd
og lover at elske hinannen.

Refreng:

Tekst: *Gustava Kielland. 1800-tallet*

Nå vandrer fra hver en verdens krok

Nå vandrer fra hver en verdens krok
i ånden frem, i ånden frem
et uoverskuelig pilgrimstog
mot Betlehem, mot Betlehem.

Se, barna går foran, glad i flokk,
så kvinner og menn, så kvinner og menn.
Selv skjelvende gamle tar sin stokk;
Til krybben hen, til krybben hen!

For alle har samme hjertetrang
til julens fred, til julens fred.
Guds kirke i Norge, ved våg og vang,
følg med, følg med! Følg med, følg med!

Og finner du ham i krybbens hø
som hyrder så, som hyrder så,
da eier du nok til freidig å dø
og leve på, og leve på.

Tekst av *Jonas Dahl 1899*

Kimer i klokker

Kimer, I klokker, ja kimer før dag i det dunkle.

Tindrer, I stjerner som englenes øyne kan funkle.

Fred kom til jord.

Himmelens fred med Guds ord,

æren er Guds i det høye.

Julen er kommet med solhverv for hjertene bange.

Jul, med Gudsbarnet i svøp under englenes sange.

Kommer fra Gud,

bringer oss gledskapens bud.

Æren er Guds i det høye.

Synger og danser og klapper i Eders små hender.

Menneskebarnene alle til jorderiks ender.

Født er i dag

barnet til Guds velbehag.

Æren eg Guds i det høye.

Nikolai Frederik Severin Grundtvik 1856

O helga natt

O helga natt! O helga stund för världen,

då Gudamänniskan till jorden steg ned!

För att försona världdens brott och synder,

för oss han dödens smärta led.

Och hoppets stråle går igjennom världen,

och ljuset skimrar över land och hav.

Folk! Fall nu neder och hälsa glatt din frihet.

O helga natt, du frälsning åt oss gav.

O helga natt, du frälsning åt oss gav.

Ty frälsar'n krossat våra tunga bojord,

vår jord är fri, himlen öppen är.

Ut i din slav du ser en älskad broder,

och se, din ovän skall bli dig kär.

Från himlen bragte frälsaren oss friden,

för oss han ned steg i sin stilla grav.

Folk! Fall nu neder och hälsa glatt din frihet.

O helga natt, du frälsning åt oss gav.

O helga natt, du frälsning åt oss gav.

Tekst/mel.: *Adolphe Adam (Augustin Kock, Svensk tekst)*

Så går vi rundt om en enebærbusk

Så går vi rundt om en enebærbusk,
enebærbusk,
enebærbusk.
Så går vi rundt om en enebærbusk
tidlig en mandag morgen.

Så gjør vi så når vi vasker vårt tøy,
vasker vårt tøy,
vasker vårt tøy.
Så gjør vi så når vi vasker vårt tøy,
tidlig en mandag morgen.

Så går vi rundt om en enebærbusk,
enebærbusk,
enebærbusk.
Så går vi rundt om en enebærbusk
tidlig en tirsdag morgen.

Så gjør vi så når vi skyller vårt tøy,

skyller vårt tøy,

skyller vårt tøy.

Så gjør vi så når vi skyller vårt tøy,

tidlig en tirsdag morgen.

Så går vi rundt om en enebærbusk,

enebærbusk,

enebærbusk.

Så går vi rundt om en enebærbusk

tidlig en onsdag morgen.

Så gjør vi så når vi henger opp vårt tøy,

henger opp vårt tøy,

henger opp vårt tøy.

Så gjør vi så når vi henger opp vårt tøy,

tidlig en onsdag morgen.

Så går vi rundt om en enebærbusk,

enebærbusk,

enebærbusk.

Så går vi rundt om en enebærbusk

tidlig en torsdag morgen.

Så gjør vi så når vi ruller vårt tøy,
ruller vårt tøy,
ruller vårt tøy.
Så gjør vi så når vi ruller vårt tøy,
tidlig en torsdag morgen.

Så går vi rundt om en enebærbusk,
enebærbusk,
enebærbusk.
Så går vi rundt om en enebærbusk
tidlig en fredag morgen.

Så gjør vi så når vi stryker vårt tøy,
stryker vårt tøy,
stryker vårt tøy.
Så gjør vi så når vi stryker vårt tøy,
tidlig en fredag morgen.

Så går vi rundt om en enebærbusk,
enebærbusk,

enebærbusk.
Så går vi rundt om en enebærbusk
tidlig en lørdag morgen.

Så gjør vi så når vi vasker vårt gulv,
vasker vårt gulv,
vasker vårt gulv.
Så gjør vi så når vi vasker vårt gulv,
tidlig en lørdagsmorgen.

Så går vi rundt om en enebærbusk,
enebærbusk,
enebærbusk.
Så går vi rundt om en enebærbusk
tidlig en søndag morgen.

Så gjør vi så når til kirken vi går,
til kirken vi går,
til kirken vi går.
Så gjør vi så når til kirken vi går,
tidlig en søndag morgen.

Jeg gikk meg over sjø og land

Jeg gikk meg over sjø og land
Der møtte jeg en gammel mann
Han spurte så, han sagde så
Hvor hører du vel hjemme?
Jeg hører hjemme i klappeland
I klappeland, i klappeland
Og alle de som klappe kan
De hører hjemme i klappeland

Jeg gikk meg over sjø og land
Der møtte jeg en gammel mann
Han spurte så, han sagde så
Hvor hører du vel hjemme?
Jeg hører hjemme i trampeland
I trampeland, i trampeland
Og alle de som trampe kan
De hører hjemme i trampeland

Jeg gikk meg over sjø og land
Der møtte jeg en gammel mann
Han spurte så, han sagde så
Hvor hører du vel hjemme?

Jeg hører hjemme i hoppeland

I hoppeland, i hoppeland

Og alle de som hoppe kan

De hører hjemme i hoppeland

Bjelleklang, bjelleklang

Bjelleklang, bjelleklang

Over skog og hei.

Hør på bjellens muntre klang

Når Blakken drar i vei.

Følg oss ut, følg oss ut

Over mo og myr

Der hvor veien slynger seg

I skogens eventyr.

Kom nå og bli med til stallen skal du se

At Blakken blir så glad når vi skal dra av sted

Så tar vi vognen frem og legger selen på

Og Blakken vrinsker glad mot deg

Hu-Hei, hvor det skal gå!

Bjelleklang, bjelleklang

over skog og hei.

Hør på bjellens muntre klang

når Blakken drar i vei.

Følg oss ut, følg oss ut

Over mo og myr

Der hvor veien slynger seg

I skogens eventyr.

Det klinger over heien

En munter melodi

Som fuglene i heien

Så muntert stemmer i.

Bjelleklang, bjelleklang

Over skog og hei.

Hør på bjellens muntre klang

Når Blakken drar i vei.

Tekst av *James Lord Perpoint*

Oversatt av *Juul Hansen*

www.ingramcontent.com/pod-product-compliance
Lightning Source LLC
Chambersburg PA
CBHW071104040426
42443CB00013B/3398

9788269107432